—— 撰　稿 ——

张　迪　　沈蓓蕾　　孙　杰
唐旭东　　曹　阳　　赵　新
魏诗棋　　郑士明　　高　雪
柴冰冰　　陈禹行　　滕　雪
张　静　　刘晓漫　　王靖雯
康　健

—— 插图绘制 ——

雨孩子　　肖猷洪　　郑作鹏
王茜茜　　郭　黎　　任　嘉
陈　威　　程　石　　刘　瑶

—— 装帧设计 ——

陆思茁　　陈　娇
高晓雨　　张　楠

了不起的中国

—— 古代科技卷 ——

美器美物

派糖童书　编绘

化学工业出版社

·北京·

图书在版编目（CIP）数据

美器美物/派糖童书编绘. —北京：化学工业出版
社，2023.10
（了不起的中国.古代科技卷）
ISBN 978-7-122-43932-1

Ⅰ．①美… Ⅱ.①派… Ⅲ.①古器物-中国-儿童读物
Ⅳ.①K875-49

中国国家版本馆CIP数据核字（2023）第144528号

了不起的中国
—— 古代科技卷 ——
美器美物

责任编辑：刘晓婷　　　　　　　　　　　　责任校对：王　静

出版发行：化学工业出版社（北京市东城区青年湖南街13号　邮政编码 100011）
印　　装：北京尚唐印刷包装有限公司
787mm×1092mm　　1/16　　印张5　　2024年1月北京第1版第1次印刷

购书咨询：010-64518888　　　　售后服务：010-64518899
网　　址：http://www.cip.com.cn
凡购买本书，如有缺损质量问题，本社销售中心负责调换。

定　　价：35.00元　　　　　　　　　　　版权所有　违者必究

前　言

几千年前，世界诞生了四大文明古国，它们分别是古埃及、古印度、古巴比伦和中国。如今，其他三大文明都在历史长河中消亡，只有中华文明延续了下来。

究竟是怎样的国家，文化基因能延续五千年而没有中断？这五千年的悠久历史又给我们留下了什么？中华文化又是凭借什么走向世界的？"了不起的中国"系列图书会给你答案。

"了不起的中国"系列集结二十本分册，分为两辑出版：第一辑为"传统文化卷"，包括神话传说、姓名由来、中国汉字、礼仪之邦、诸子百家、灿烂文学、妙趣成语、二十四节气、传统节日、书画艺术、传统服饰、中华美食，共计十二本；第二辑为"古代科技卷"，包括丝绸之路、四大发明、中医中药、农耕水利、天文地理、古典建筑、算术几何、美器美物，共计八本。

这二十本分册体系完整——

从遥远的上古神话开始，讲述天地初创的神奇、英雄不屈的精神，在小读者心中建立起文明最初的底稿；当名姓标记血统、文字记录历史、礼仪规范行为之后，底稿上清晰的线条逐渐显露，那是一幅肌理细腻、规模宏大的巨作；诸子百家百花盛放，文学敷以亮色，成语点缀趣味，二十四节气联结自然的深邃，传统节日成为中国人年复一年的习惯，中华文明的巨幅画卷呈现梦幻般的色彩；

书画艺术的一笔一画调养身心，传统服饰的一丝一缕修正气质，中华美食的一饮一馔（zhuàn）滋养肉体……

在人文智慧绘就的画卷上，科学智慧绽放奇花。要知道，我国的科学技术水平在漫长的历史时期里一直走在世界前列，这是每个中国孩子可堪引以为傲的事实。陆上丝绸之路和海上丝绸之路，如源源不断的活水为亚、欧、非三大洲注入了活力，那是推动整个人类进步的路途；四大发明带来的文化普及、技术进步和地域开发的影响广泛性直至全球；中医中药、农耕水利的成就是现代人仍能承享的福祉；天文地理、算术几何领域的研究成果发展到如今已成为学术共识；古典建筑和器物之美是凝固的匠心和传世精华……

中华文明上下五千年，这套"了不起的中国"如此这般把五千年文明的来龙去脉轻声细语讲述清楚，让孩子明白：自豪有根，才不会自大；骄傲有源，才不会傲慢。当孩子向其他国家的人们介绍自己祖国的文化时——孩子们的时代更当是万国融会交流的时代——可见那样自信，那样踏实，那样句句确凿，让中国之美可以如诗般传诵到世界各地。

现在让我们翻开书，一起跨越时光，体会中国的"了不起"。

目 录

导 言

器物即是生活，是属于天潢（huáng）贵胄（zhòu）的生活，更是属于平民百姓的生活。

器物有烟火气，也有情意。

我们的生活时时刻刻离不开器物：早上起床、穿衣、洗漱，再吃早餐；白天去学校上课，放学后写作业、踢踢球；晚上吃完晚餐，听听音乐或新闻，直到睡觉前听听广播故事，进入梦乡。这是我们的一天。那么古代小朋友和大人的一天呢？

这本书仿佛一个时空穿梭机，带我们回到古代的世界，看看古人使用的器物都有什么，了解一下与他们息息相关的那些物品与我们使用的物品有什么不同。

等小朋友们放假休息的时候，带上这本书去各大历史博物馆看看那些文物。它们安安静静地摆在那里，但在几百几千年前，也许它们的身上也沾满了烟火气——那曾经是某位妇人手中劳作的工具，是某位小哥送给意中人的礼物，是某位贵族在朋友圈的炫耀……那些器物虽然不会说话，但却讲述了真正的历史。爱护我们的历史，珍惜古代留下的器物，也是对从前那些辛苦生活的人们最大的尊重。了解这些器物背后的故事，那些朝代和名称不再变得空洞，而是真正有血有肉的、十分接地气的社会生活。看完这本书，相信小朋友们一定会有独特的收获。

给神明"打电话"

巫师敬神

古时候，人们十分敬畏神明和祖先，虽然神明和祖先看不见也摸不着，但古人相信他们一定在某个地方观察着这个世界，会高兴，也会生气，神明和祖先高不高兴，决定着人间的生活会不会幸福美满。

所以，古人总会通过某种方法与神明和祖先沟通，这种沟通可不是随意往哪里一坐，默念冥想就可以的，一定要有一个特殊场所，并用一些特别的器物升华这个场所。

玉质地温润细腻，一直为中国人所珍视。在原始社会，人们就用玉制的物品进行通灵，玉制物品是一个媒介。《说文》："灵，灵巫也。以玉事神。"

🌀 红山文化玉器

如今参观北京、辽宁等地博物馆，会在新石器时期文物展区内看到一些很重要的藏品——红山文化玉器。红山文化诞生于5000~6000年前的中国东北，玉器主要以鸟兽造型为主。

玉猪龙：中国人自称"龙的传人"，而中国龙就是从红山文化中诞生的。玉猪龙外形很有特点，是红山玉器代表作之一，它的嘴像猪，身体像龙。玉猪龙出土时是佩戴于墓主人胸前的，在远古时代，佩戴此类玉器的人具有一定身份，古人认为这些玉猪龙是死者生前的事神之物，是灵物。

玉猪龙

碧玉 C 形龙：碧玉 C 形龙也是红山玉器代表，被称为"中华第一龙"。这种玉龙身形修长、弯曲如钩，普遍被认为是中华龙的雏形。在古史传说中，"句（gōu，勾）龙"是"共工"之子"后土"的别称，是中华民族远古祖先之一。

碧玉 C 形龙

玉鸮和玉鹰：上古时期，鸮（xiāo，猫头鹰一类的猛禽）被认为是通神动物。玉鸮的背面有孔，可以穿绳作为饰物挂在身上。红山玉鹰一般有收翅和展翅两种形态，造型精致，栩栩如生，无论从工艺还是造型上都是红山玉器中的精品。

玉鸮和玉鹰

红山玉神面： 红山玉神面造型复杂怪异，上面有旋涡状的双眼，下有巨齿，学界对它的研究和争议也较多，有研究者认为它们是与神沟通的礼器。

玉神面齿形佩

🌀 良渚文化玉琮（cóng）神徽纹

红山文化玉器是北方玉，而南方早期玉器以良渚（zhǔ）文化玉器为主。良渚文化距今大约5300~4400年，分布于现在的钱塘江流域和太湖流域。

良渚玉器中有许多礼器，神徽纹玉琮是其中最有名气的一件。玉琮上面雕刻的神徽图案非人非兽，头上戴冠，也被称作"神人兽面纹"。有学者认为，神人可能代表了良渚古国的神或巫师，也可能是良渚古国国王的形象，神兽是巫师所骑乘的老虎，但也有人认为神兽是中国人熟知的龙。

玉琮

神人兽面纹

那时的天，是天子的天

古人认为玉是祥瑞，有辟邪作用，而且"瑞"字本意指的就是玉制的信物，代表诚信。从秦代开始一直到清朝，皇帝的印章都叫"玺"，代表国家的信用，玉做的玺叫"玉玺"，比黄金、珍贵的木材做成的玺更能体现信用的含义。

因为玉温润晶莹，人们便赋予了它很多寓意。原始社会晚期，玉的意义已经不仅是装饰品，至少在商周时期，一些指定造型的玉器就是重要的礼器。《周礼》中说："以玉作六器，以礼天地四方。以苍璧礼天，以黄琮礼地，以青圭礼东方，以赤璋礼南方，以白琥礼西方，以玄璜礼北方。"把玉做成六种玉器，用来祭祀天地以及东、南、西、北四方。

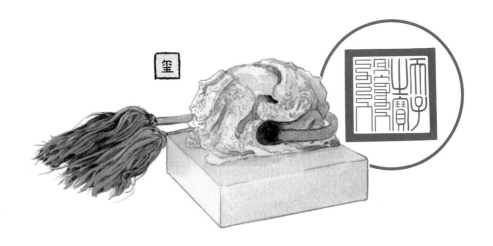

六器：璧、琮、圭、璋、琥、璜

璧的造型是圆形的玉中间有一个空心内圆，整体呈扁片状，"璧圆象（像）天"，玉的部分大于空心的部分。成语"完璧归赵"讲的就是战国时期著名的和氏璧的故事。

琮外方内圆，外部的立方体有八个角，"八方象（像）地"。琮本是重要的礼器，但春秋时礼崩乐坏，人们渐渐忘了琮是什么样子的了，直到清末才被学者考证出来。

圭是长条形，上尖下方，也有平头的；璋的形状像圭，两头带尖，也有上端斜边的；琥是弧形，雕刻成老虎的样子；璜也是弧形，一般雕刻成龙形或者鱼形。

古人发现玉的颜色是不一

样的，于是就用不同颜色的玉器进行不同主题的祭祀：天地苍黄，与苍璧、黄琮相对；东方青龙，青色，与青圭相对；南方朱雀，红色，与赤璋相对；西方白虎，白色，与白琥相对；北方玄武，黑色，与玄璜相对。

代表天下权力的鼎

在生产力比较低的古代，拥有食物、吃饱肚子是人们最大的追求。

鼎是古代的一种煮食物的器具，拥有鼎，象征着可以让人吃饱肚子，所以后来，鼎就不仅仅用来烹煮食物了，也成为祭祀用的一种礼器。同时因为鼎很大、很重，所以它又象征着盛大。从古至今，有很多跟鼎有关的成语，比如鼎鼎大名、钟鸣鼎食、一言九鼎、三足鼎立等。

相传大禹治水之后，为了更好地治理天下，将天下划分为九个州，并命人铸造了九个鼎，每个鼎象征一州之地。后来，九鼎逐渐变成了国家统一和至高王权的象征，是华夏文明的至尊礼器。周武王打败商纣王之后得到九鼎。周朝末年，楚庄王实力强大，他向周天子的使臣打听天子的鼎有多重，明摆着觊觎（jìyú）天子的权力。由此还诞生了一个成语：问鼎中原。

那时的官，是皇帝的官

古代官员有一套特别的装备，这些装备有些是为了实用，有些是为了表示某种礼仪，有了这些装备才能表现出官员的威仪来。官员见皇帝要鞠躬、跪拜，表示高度服从；又得在百姓面前昂首挺胸，代表朝廷形象。所以官员有自己的一套礼仪系统。

笏

古代官员朝见皇帝时手上总是拿一块狭长的板，这就是笏（hù），通常是竹制的，有些是用昂贵的玉或象牙制成。它最初是一块记事板，后来演变成一种礼仪用具，到了清代干脆废止不用。

肃静牌、回避牌

"肃静牌"和"回避牌"出现于明清时的官员仪仗，古代等级森严，官员出行遵循"贱避贵，少避长，轻避重，去避来"的日常交通规则，"肃静牌"的意义是叫普通百姓见此要肃静。明代王阳明曾将这种牌上的字改为"求通民情，愿闻己过"，以此表明反对官场陋习的立场。

鱼符、鱼袋和龟符

符是古代的凭证，鱼符就是做成鱼的样式的符。鱼符始于隋代，兴盛于唐，用金属铸成，可以左右对开为两半，里面刻有官员姓名、职务、品级等。官员进出宫禁，需

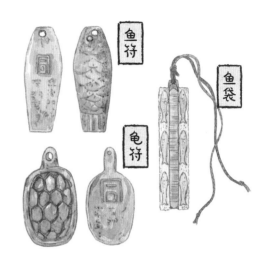

要出示鱼符，两半对在一起才可以通行。鱼袋最初是放鱼符的小口袋，后来也成了一种体现等级的饰物。

唐武则天时改鱼符为龟符，功能一样，就是做成玄武的样子。因为能持龟符的人一定是高官，所以民间所说的"金龟婿"就是从这里来的，指有本事、地位高的女婿。

虎符

虎符是古代帝王调兵遣将用的兵符，最早出现于春秋战国时期，一般用金属铸成老虎形状，一分为二，一半交给将帅，一半在帝王手中。只有帝王将自己手里的虎符交给将帅，两个虎符合并在一起，持符者才能调兵遣将。

◎ 牙牌

牙牌的作用相当于隋唐时代的鱼符，宋元开始使用，明代时成为定制。由象牙、兽骨、木材或金属制成，上面注明持有人姓名、职务、履历等信息，后来不再局限于官员，开始逐渐推广到百姓中，功能类似于今天的名片。

◎ 红绿头牌

红绿头牌在清代使用，是贵族官员呈送给皇帝的名片。牌上写有求见皇帝的大臣的姓名、官衔，起到给皇帝提醒的作用。红头牌为宗室王公使用，绿头牌为其他臣子使用。

◎ 斋戒牌

斋戒牌是明清皇家斋戒时摆出的警示牌。雍正皇帝改进了斋戒牌，把尺寸缩小到手心大小，可以随身佩戴，并要求朝中正值斋戒的官员时时戴在胸口心脏的位置，提醒自己庄严礼敬。皇宫里的妃嫔们斋戒时也戴，斋戒牌的材质有玉、珐琅、檀木等许多种。

严肃又神秘的话题

从原始社会起，人们就对神秘的死亡百思不得其解。在良渚文化遗址的原始墓葬中，就出土了大量陪葬品。在一座高等级墓葬里，墓主人身边摆放着大量玉器，雕刻精美的玉璧就摆在墓主人身上。

后来，随着灵魂观的深入人心，古人对另一个世界的想象越来越真实，越来越世俗化，人们为逝者举行的葬礼就越来越讲究，由此创造出许多专门奉献给死者用的物品，叫"明器"。古人希望能用厚葬寄托对逝者的怀念和祝福，心里也暗暗期待逝者不再眷恋世间，不要给活着的人带来困扰，所以制作了大量精美的随葬品。

玉蝉

这种玉蝉最大不过几厘米，雕刻精美，偏薄，学名叫"玉琀（hán）蝉"，"琀"就是殡殓时放入死者口中的物品。汉代时人们还没有重生或灵魂的概念，他们认为蝉以饮露水为生，品性高洁。死者口含玉蝉，表示死后也不失去言辩的能力。

玉蝉

玉猪握

在我国古代随葬品中，死者手中所握的器物就称为"握"。猪是财富的象征，玉猪握多出土于汉墓王侯及其家

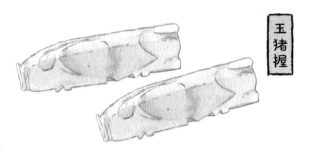

族的豪华墓葬中，另外一些小型汉墓墓主则一般只握有木棒或竹棒，这反映了当时的等级和贫富差别。

玉衣

玉衣也叫"玉匣"，是汉代级别非常高的王侯殓葬时穿的衣服，是厚葬的巅峰。玉匣是将许多薄薄的长方形、三角形、梯形、圆形等带小钻孔的玉片，用金、银或铜线编缀做成的。

那时的人们认为玉可以使尸体不朽，所以贵族会用大量的玉来厚葬。厚葬习俗的弊端很多，所以到魏文帝黄初三年（222 年）被废止了。魏文帝曹丕认为人的尸骨不知道痛痒，坟墓又不是灵魂生活的地方，用珠玉口含、玉衣覆体是愚俗的行为。

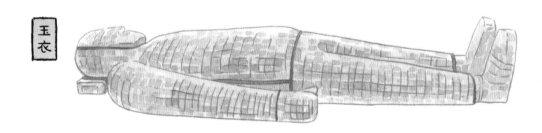

兵马俑

秦始皇兵马俑脱胎于古代人殉制度。远古的人殉制度残忍血腥，这一制度在秦国被废除，改用兵马形状的塑像来代替，"俑"指的就是随葬用的塑像。

秦始皇陵兵马俑规模宏大，写实程度极高，是中国古代辉煌文明的代表，被誉为"世界第八大奇迹"。

汉代跳舞人俑

我国汉代继承了先秦时代善歌乐舞的基因，因此舞俑成了这一时期随葬品的固定品类，汉代舞俑在种类、数量、材质、制造技艺等方面都达到了空前的高度。

◎ 陶犬俑

陶犬俑

古人希望在死后也能享受一切美好事物，所以除了人俑，还有陶犬俑。

我国养犬习俗由来已久，"铲屎官"们死后也希望有爱犬陪伴。汉代陶犬俑栩栩如生，是十分难得的文物。

◎ 唐三彩

唐代以前，陶瓷的釉色一般只有一色，最多是两色，而隋唐时期出现的一种低温釉彩，可以烧造出许多不同颜色的陶器，其中黄、绿、白三色比较多见，又多出土于洛阳，所以被称为"唐三彩"。

唐三彩

唐三彩陶俑也是随葬的明器。这些唐三彩器物形态优美，比例精准，生动自然，是当时艺术和陶瓷烧造技术的极高体现，也是盛唐所流行的厚葬之风的反映。

穿衣戴帽

服饰，是穿在人身上的文化，我们国家有五千年服饰文化史，各代风格迥然相异，花样不同。时至今日，这些时尚既没有因为循环交替的朝代变更而被遗弃，也没有因为各种外来文化的传入而退出服饰的舞台，反而让人们十分怀念，还出现了汉服爱好者、国潮迷、复古文化爱好者。

◎ 绳结

《周易·系词》中记载："上古结绳而治，后世圣人易之以书契。"经过数千年的发展，后来绳结已经不是记事的工具了，而成为一种既实用又美观的吉祥装饰物。除此之外，中国古代服饰上不同风格的结还代表了不同时期的时代特征，如先秦的秩序，两汉的华美，盛唐的富丽，宋代的典雅，明代的庄重，清代的精巧，等等。

◎ 觽（xī）

觽是古代解绳结的工具。周代的人讲究礼节，为了防止衣带散开失礼，会将衣带打成死结，所以就随身佩戴觽。

幂䍦（lí）和帷帽

幂䍦是唐代妇女服饰，自隋代开始流行，它可以障蔽全身，周围还可以用珠翠装饰，特别漂亮。幂䍦由西北少数民族地区传来，可以防晒和防风，珠宝幂䍦又高级又贵重，是奢侈品。

帷帽有点像将草帽帽檐上装一圈短网纱，如果将幂䍦的垂网剪短，就是帷帽了，短网纱可以遮蔽风沙。帷帽在宋代的《清明上河图》和元代的永乐宫壁画中都可以看到。

荷包与香囊

香囊是一种刺绣工艺品，用彩线在丝绸上绣出各种图案，缝制成圆、方、葫芦、桃等形状各异、大小不一的小绣囊，里面装入各种有香气的药材，一般系于腰间，也可系于床帐或车辇（niǎn）上。随行的香囊可以驱蚊虫、缓解暑热，还可以芳香空气。

荷包是盛装各种零碎物品的活口小包，男子和女子都会佩戴，一些小的吃食、针头线脑、散碎银钱都可以放在荷包里。

荷包和香囊既有实用功能，又是时尚单品。古代女子也会绣荷包和香囊送给心仪的男子，是表达情意的信物。

扇子

中国传统扇文化起源于远古时代，当人们在烈日炎炎下挥汗如雨时，自然就会摘取宽大的植物叶片或鸟禽羽毛扇风或遮阳。

西汉时出现了"合欢扇"，又称"宫扇""纨扇""团扇"。合欢扇的特点是以扇柄为中轴，连接圆形、椭圆形或梅花形的竹圈，用薄丝绢糊成。这种扇子文雅精美又实用，流传很广。

折纸扇出现于北宋，此后一直盛行不衰，直到今天人们还在使用。很多书画家喜欢在折扇上题字作画，是上好的艺术品、收藏品。

人们说诸葛孔明"羽扇纶（guān）巾，谈笑间樯橹灰飞烟灭"，羽扇真的就是羽毛做的扇子，可见扇子材质多样。

古代美妆

从古至今，人类从来没有停止追求美的脚步：原始社会，人们用贝壳、花朵、鸟骨等装饰自己；商周时出现以鸟头、兽头图案为主的骨笄（jī）、玉笄、铜笄；从汉代开始，金银、玉石、珍珠大量出现，饰品更加丰富！

⊚ 簪（zān）

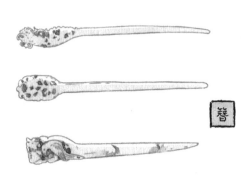

簪是古人绾（wǎn）起发髻后，固定发髻或冠的锥形物品，起源于原始社会。那时的材料主要就是树枝，精致点的用鸟骨。汉代出现象牙簪、玉簪，还在簪头上镶嵌松石等各种宝石，非常奢华。"拙荆"一词是古代丈夫说起妻子时用的谦辞，这里的"荆"就是指荆条做的发簪。

⊚ 钗

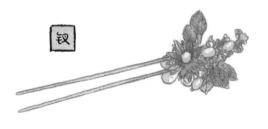

钗是由两股簪子组成的一种首饰，用来绾头发更稳定一些。钗不仅是一种饰物，还是一种寄情之物。古代恋人或夫妻分别时，会将发钗一分为二，双方各持一半，待到重见时合在一起。

梳篦（bì）

古人梳理头发的用具有梳，有篦。梳子齿疏，篦子齿密，二者总称为"栉（zhì）"。所以以前人们习惯把理发师叫"栉工"。

梳篦

梳子是用来理顺头发的，也可以直接插在头发上当作装饰，所以梳子起的是美化作用。篦子则是用来清洁头发的。

鬒髻（zhěnjì）

古代女子非常注重对发型的修饰，"鬒髻"一词，指的便是黑而浓密的发髻。古文献中记载女子发式极多，由此形成了独特的头饰文化。

鬒髻

❀ 鲜花

古代很长一段时间里，不论男女都会在头上簪花。令人印象深刻的有唐代人们最爱的牡丹，大朵的鲜花与那些宽大夸张的发髻相得益彰。

明代《丹铅总录》里说茉莉花"芳香酷烈"，也称作"鬘（mán）华"，意思是装饰头发的花朵。茉莉花虽然比之牡丹低调得太多，但芳香盈发，显示出女子小巧的心思，崇祯帝周皇后就很喜欢用茉莉花簪发。

❀ 粉白黛黑

中国古代以白为美，女子为显貌美肤白，会将白色的粉匀开涂在面上。寻常人家用米粉、中药粉，富贵人家用进口的胡粉。胡粉含铅量太高，虽然妆容细腻，但容易使皮肤干燥，也容易引发皮肤病，严重时会发生铅中毒。

黛是一种天然颜料，古代用来画眉。

胭脂鲜红，用来修饰两颊和唇部，传统胭脂可以用能提取红色颜料的植物来制作。

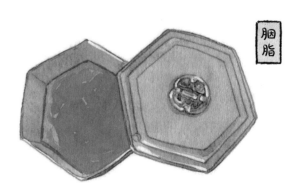

胭脂

那时的化妆术

《木兰诗》里写："当窗理云鬓，对镜贴花黄。"

花黄是一种女性额饰，又称"额黄""鹅黄"，是把金黄色的纸剪成各式装饰图样贴在额上，或是用笔在额上绘黄色纹饰，这种化妆方式起源于南北朝时期。

人们当时照的镜子可不是玻璃镜，而是磨光的铜镜，虽然照得有点模糊，却是当时的高级品。

古时梳妆台称"妆奁（lián）"，又称"严具"，是妇女用于盛放梳妆用品的镜匣。因为女子出嫁时需要带着自己的梳妆匣，所以妆奁后来也代指女子的嫁妆，包括衣物、首饰、钱财等。

好好学习

和今天的小朋友一样，古代小朋友也要学习，学习的时候也要有书桌、笔、纸和文具盒。只不过那时的文具和今天的不太一样，种类和数量都很多。所以古代能读得起书的家庭得有一定的生活水平。

笔

毛笔出现时间极久远，我国新石器时代彩陶的花纹就有用毛笔绘制的痕迹，商代出土的甲骨文中，就有"聿（yù）"字，是手端平拿着毛笔的样子，下端的毛清晰可见，非常直观。而"聿"字加个竹字头就是"筆"字，即笔的繁体字。目前已发现我国最早的毛笔实物来自战国时期。人们在出土文物中发现的古老的毛笔，是笔杆的一端劈成数片，将笔毫夹在里面，外面缠上丝线固定。可以想象这种笔写起来非常容易掉毛，也容易散开。

后来人们不断改进造笔技艺，毛笔的质量才越来越好，越来越便于书写。唐代时，制笔世家诸葛氏所制"宣笔"非常有名；元代时由浙江笔工冯应科等人制作的羊毫或兼毫笔开始流行；明清时最著名的毛笔是湖笔。

🌀 砚

砚是承载墨的"托盘"，最早的墨是粉状的，需要用砚石压住并研磨后使用。砚在《说文》里的解释就是"石滑"。已知最早的砚是在湖北秦墓出土的，由石料简单加工而成。汉代石砚开始讲究造型，晋代又流行瓷砚。南北朝时的瓷砚比较特别，下面有一圈柱状足，叫"辟雍砚"，唐代前期大贵族的墓中就出土过很多辟雍砚。唐中后期开始注重选石，广东肇庆所产端溪石制成的端砚，是四大名砚之一。砚上可以雕刻许多纹饰，文雅美观。

🌀 墨

毛笔要蘸墨写字。商代已出现墨书字迹，所以不要以为商代人都用刀刻字，其实毛笔蘸墨书写出现得相当早，也更加便捷。

宋代发明了用动物油烟、漆烟制墨，墨的质量大大提升。明清时，制墨大家频出，他们制作的墨品质极高，不仅用作文具，也是备受重视的工艺品。

🌀 简牍与书刀

在发明纸张以前，书写材料通常是竹木简牍。人们在削好的竹片上书写，再编联成册。写错的字怎么办？用书刀刮去。所以书刀也是必要的文具。

书刀

笔

笔洗

镇纸

墨

砚

笔山

水盂

笔筒

麻绳编竹简叫"绳编"，丝线编竹简叫"丝编"，牛皮绳编竹简则叫"韦编"。成语"韦编三绝"本义就是说读一本书的次数过多，编竹简的牛皮绳都断了好几次。

文具盒

古人不仅有文具盒，而且古代的文具盒还特别高级。

战国时就已经有了文具盒，大小和现在的鞋盒差不多，里面有制作竹简的铜锛（bēn），还有铜刻刀、钻孔编册用的铜锥等，像是木匠的工匠箱。

文具匣自明代开始盛行，制作特别精良，里面有好多个格子，像是一件艺术品。故宫博物院收藏的清代多宝文具锦匣，可以放置数十件文房器具，不仅制作工艺精湛，而且设计巧妙美观，是清代帝王和大臣们争相收藏的艺术珍玩。

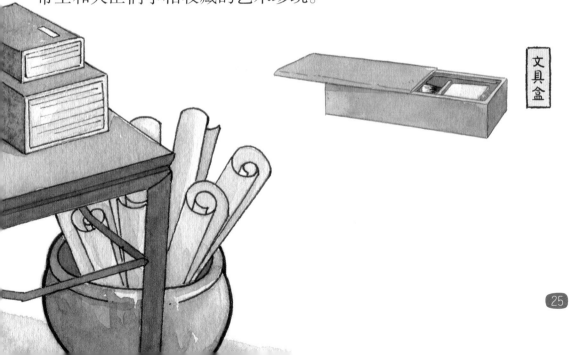

文具盒

🌀 水丞

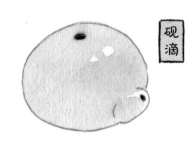

砚滴

研墨时需要向砚中注水，所用的器具有两种：滴水的砚滴和搭配小勺舀水的水盂。

砚滴像个没盖的小茶壶，个头非常小。水盂也叫"水盛"，后来叫"水丞"。

古代留下了大量水盂和砚滴，式样繁多，如同工艺品一样精巧美观。

🌀 笔洗和笔山

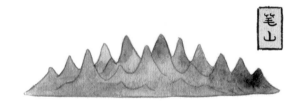

笔山

笔洗在文具里个头较大，是盛水洗笔的大碗。

放笔的笔架呈山形，叫"笔山"。笔山有三峰式的、五峰式的，等等，都做成山形，"山谷"的地方可以用来架笔。

🌀 墨盒

墨盒

墨盒起源虽悠久，但真正流行就比较晚了。清代时，人们把液体墨水保存在墨盒中，可以随时取用。铜墨盒是当时文人雅士的时髦之物。刻铜艺术在清代发展到顶峰，墨盒上所刻山水人物和花鸟虫鱼，无不生动秀丽，特别漂亮珍贵。如清代四朝元老阎敬铭赠送亲友的墨盒上镌刻有阎氏书法，内嵌端石砚板，精致美观，堪称上乘之作。

拜匣

古代人去拜访其他人，有一整套烦琐的仪式，要先递上拜帖。拜帖类似于现在的名片，上面写着自己的姓名、身份和对对方的尊称。拜帖不是随便用手拿的，而是要放在拜匣中，表示对主人的尊敬。

最早的拜帖称为"谒（yè）"，出现在先秦时期，孔子周游列国，都要先送去自己的"谒"，后世一直有这个传统。

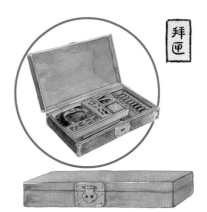

镇纸

古代文人在书房中，常使用小型青铜器、玉器、木器压纸或者压书，慢慢发展成一种文房用具——镇纸。镇纸正式进入书房不晚于南北朝时，它的繁荣与所处时代文化发展密切相关。在文化繁荣的北宋，镇纸门类也是五花八门。镇纸的发展在明清时特别壮观，材质、造型、装饰众多，集观赏性与实用性于一体，价值极高。

🌀 金榜和小抄

科举考试能改变古代学子一生的命运，寒门学子刻苦学习，有可能一朝飞黄腾达，所以学子们极为重视。录取者的名字会写在黄纸上张贴出来，叫"金榜题名"。

古代也总有些平时不好好用功的学生打歪主意制作小抄，虽然被抓到后惩罚极其严重，但总有人铤而走险。古代考生夹带小抄很有创意，有的将书变小、把字压缩；有的将字写在衣服鞋帽上；有的甚至写在身体上。后来，夹带还衍生出微刻本。虽然这些小抄终究逃不过考官的火眼金睛，但留存下来的小抄本，如今却成了记载那段历史的有趣文物。

宜室宜家

我国古代家具历经两千多年发展，在明清时达到巅峰，很多文人雅士都参与设计，能工巧匠们也技艺高超，那时的家具都造型优美、工艺考究、情趣盎然。

✿ 案、桌、几（jǐ）

腿缩进来一块的是案；腿顶住四角，桌面没有突出的是桌。几本来是指可以倚靠的坐具，后来也指小面积的桌案。

案高级一些，比如敬神礼佛的香案，比如书案；桌生活化一些，比如饭桌、酒桌。

小朋友们都知道茶几，其实几也是一种非常古老的家具，战国时就有大量的几，如凭几。它是古人坐着时用来倚靠的家具，现在已经没有了。

香几

今天的茶几是从香几发展来的，香几专门摆放香炉用于供佛，《西厢记》里就有古人摆香几焚香拜月的情节。

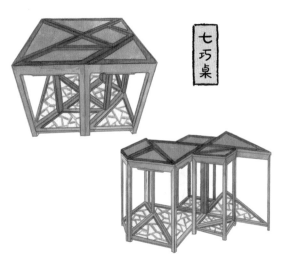

七巧桌

这是一组七巧桌，它由七个各具形状的小桌子组成，通过不同组合方法，可变换出好多种图案，特别有趣。

坐与卧

古人最早坐卧不分开，席可以坐，也可以卧，床就是坐具，后来才发展为卧具。

古人的枕头很讲究。《礼记》中提到起床后要将枕、席等收起来，长辈的枕、席等不能随便移动。汉代有玉枕、石枕、木枕、锦枕等。唐宋时，人们对枕头愈发重视，有了瓷枕。明清的枕头常以"鸳鸯"图案为装饰，借由枕头表达美好愿望的风俗由此流传下来。

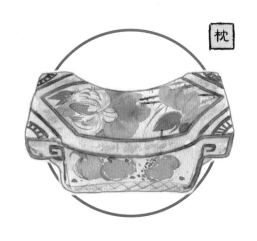

枕

榻

榻是一种古老的床，最早的榻非常矮，还比较窄，有的能挂在墙上，朋友来了放下榻就能睡觉，叫"下榻"，现在，下榻引申为住宿的意思。

拔步床

拔步床是明清时发明的一种床，像一间小屋子，梳妆打扮甚至上洗手间都可以在里面，非常方便，但也特别贵重，是中国传统家具中体量最大的。

东床快婿

魏晋时郗（xī）鉴在琅邪王氏中挑选女婿，王家年轻人都打扮得很精心，只有一个青年在东边床上图凉快露出上身，郗鉴认为这个年轻人一定不同寻常，就选中了这个人。这就是著名的东床快婿的故事。那个大大咧咧的青年就是后来的大书法家王羲之，因为他当时正在回味大书法家蔡邕（yōng）的古碑，把相亲的事早忘光了。故事里的东床，应该就是一种三面带有矮围的罗汉床。

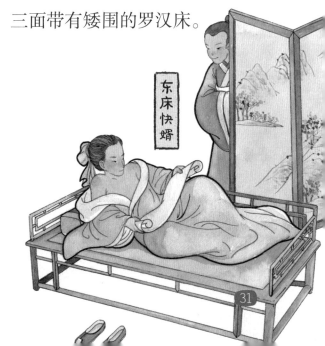

东床快婿

椅的出现

椅是在与少数民族融合混居的过程中出现的，中原人民改造了胡床，后来又设计出了交椅。椅与床融合，才形成我们今天常见的椅子。

交床

宝座

小朋友们都背过李白的诗"床前明月光"，这里面的床，其实不是我们今天的床，而是一个类似马扎的东西，古称"胡床"，也叫"交床"。不然李白的房间可能没有房顶，才会让月光照得地面如霜。

宝座是古代皇帝的专属座椅，特别大。皇帝坐在宝座上其实一点也不舒服，就像直直地坐在板凳上，左右两侧的扶手和后面的靠背都够不着。宝座特别华贵，周围还有一套配套物品环绕，皇帝坐宝座主要是为了显示其威严。

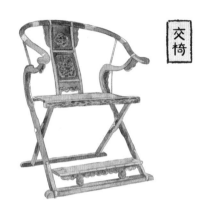

交椅

宋代，交床增加了靠背和扶手，叫作"交椅"。中国自古就有根据身份地位排座次的习惯，所以"头把交椅"就成了权力和地位的象征。

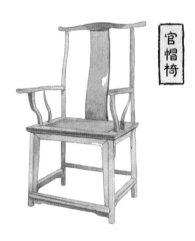

官帽椅

官帽椅也诞生于宋代，因为这种靠背椅是两边出头的，有点像宋代官帽旁边的两个帽翅，所以叫"官帽椅"。

中国椅具最常见的是圈椅，靠背扶手连在一起，呈环形，环绕着坐下来的人的后背。靠背高，至两侧扶手缓缓降低，可以搭手。

古代也有儿童座椅，人们将圈椅设计得比正常规制小，扶手中间装上带锁扣的横栏和一个可拆卸踏板，就变成了一个很有现代感的儿童椅。

儿童椅

宋代时，太师秦桧有一次坐在椅子上，向后一仰，头巾掉了，他身边一个叫吴渊的官员爱拍马屁，机智地找人设计了一把椅子：椅背正中设计出一个造型托首，坐在椅子上的人可以将头靠在托首上休息，从那时候开始，这种形制的椅子就叫"太师椅"。

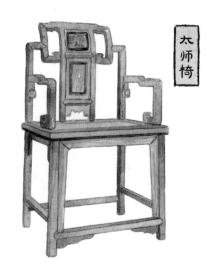

太师椅

凳和墩

凳没有靠背，没有扶手，就是平面加上腿儿。最早的凳不是用来坐的，是用来踩的，凳这个名字也是从蹬演变来的。凳的好处是没有方向限制，可以从任何一个位置坐下去。它不登大雅之堂，但在民间非常受欢迎。

墩是一个长圆的鼓形，所以也叫"鼓凳"，女子们常绣出漂亮的盖布或套子给墩套上，所以也叫"绣墩"。墩坐着不太稳当，坐姿得保持端庄。

凳

墩

柜

◎ 柜、箱

储物类家具叫"庋（guǐ，收藏的意思）具"，北方人称"柜"或"箱"，南方人称"橱"。在中国人的概念中，大的叫"柜"，有门；小一点的叫"箱"，有盖；再小的叫"匣"，更小的叫"椟"。有个成语叫"买椟还珠"，这里的"椟"就是装珠子的小盒子。

箱

多宝格

多宝格据推测是清朝雍正年间兴盛起来的，那时候正值盛世，富贵人家兴起收藏热，多宝格就是专门陈设古玩器物的家具。

🌀 冰箱

古人冬天采冰，存到地下 10 米左右的冰窖里，夏天取出来卖。有钱人家买来冰放在一个有屉的箱子里，屉里包一层锡，可隔热，防止冰过快融化，这就是古代的冰箱。冰箱上下有孔，上面孔大，可散发凉气解暑，下面孔小，冰融化后的水可以缓慢流出，把食物放在冰上可以保鲜。

🌀 风扇

古代也有风扇。《西京杂记》记载了汉朝巧匠丁缓制作的七轮手摇大风扇。清雍正年间，宫廷中也有人力手摇风扇，制作得十分精美。但这种风扇要人力驱动，摇扇人非常辛苦，于是乾隆皇帝想了个办法，将水引入寝宫，在水流处摆放风扇，利用水力带动风扇。

🌀 炉

古代的炉主要指铜炉，铜炉有很多种，包括炭炉（又称"燎炉"）、温酒炉、熏炉等，炉既是实用器具，也是艺术品，并且深深地刻上了传统吉祥文化的烙印。我国铜炉存世很少，因古代使用铜钱，当铸币的铜不够时，便会熔化铜器，所以铜器能保存至今是很不容易的。

香炉

暖炉

瓶、罐

我国古代陶瓷应用极广、品种繁多，盛饭、喝水、睡觉、观赏、祭奠……生活的方方面面都离不开陶瓷器皿，单单一个酒壶就有很多种，装饰用的花瓶也有各种形制，有时得叫出一长串名字来。

瓶

罐

生活与器具

⚛ 如意

如意原本是古代挠痒痒的工具，相当于现在的痒痒挠儿，大约出现在战国时期。哪里痒了挠哪里，可不是如人心意嘛。后来，如意分化出了两种器物，一种是痒痒挠儿，另一种成了单纯的摆件和玩器。

因为如意寓意万事顺利、吉祥如意，在民间和宫廷中都有广泛的使用：远行前，亲友会送上如意，以表美好祝愿；佛僧讲经时，常将如意随身携带；清代皇帝登基大典上，主管礼仪的臣子必敬献一柄如意，祝愿政通人和、新政顺利。

⚛ 烛台

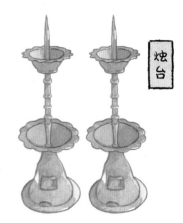

中国古代照明工具中，蜡烛占有重要地位。它造价很高，不是寻常百姓舍得用的东西。

古时蜡烛多是用动物油脂做的，插立在烛台上，所以烛台也就成了生活中的重要器物。

⚛ 银香囊

香囊可以盛装各种香草，有芬芳空气的效果。我国出土过一枚唐代的银香囊，整体呈球形，银质镂空，内部结构通过活轴设计成

银香囊

一个"水平仪"，承托焚烧的香料。不管外球如何倾斜，里面的香托都能保持水平。

掸（dǎn）子

掸子

掸子是古代除尘工具，通常为动物毛制作，最常用的是鸡毛。传说夏朝时，少康看到一只鸡受伤了，拖着身子扑腾，竟将灰尘扫去不少，于是就发明了鸡毛掸子。古人常用雄鸡毛做掸子，认为这样可以镇宅辟邪，他们还专门制作瓷瓶来插鸡毛掸子，叫"掸瓶"。

漏刻

在没有钟表的年代里，古人发明了漏刻用来计时。"漏"是指带有小孔的壶，"刻"是指带刻度的浮箭，漏壶底部的小孔缓慢滴水，滴到承水壶里，通过观察浮箭的刻度变化来计算时间。古人通过观察太阳方向判断时间，总是不太准确，而漏刻计时相对来说会准确一点。经过几千年发展，漏刻制造在宋元时达到高峰，广州博物馆有收藏我国现存最大、最完整的元代铜壶漏刻。北京故宫博物院里收藏的铜壶滴漏是1799年制造的，直到清代还在使用。

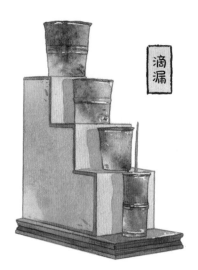

滴漏

钟表

明朝中叶西洋钟表进入中国后，迅速得到中国人的喜爱。明清两代皇帝都喜欢收藏钟表，故宫博物院里就收藏了各式各样精美的钟表。在小说《红楼梦》里，有对刘姥姥初进贾府被自鸣钟响声吓了一跳的生动描写。

摆着陈设的就是座钟，挂在墙上的是挂钟，放在怀里随身携带的是怀表。清代富贵人家几乎家家有钟表，大臣们"上班"也会带着怀表。

怀表

挂钟

碗与盘

碗与盘都是中国饮食用具中常见的、生命力强的器皿。考古发现表明，最早的瓷碗与瓷盘都是原始青瓷制品，出现在商周时期。以后随着时代发展，碗盘的形制、纹饰越来越精巧。到了宋元明清时期，一些能工巧匠烧制的碗盘已可以称为艺术品了。

杯与盏

杯与盏都是饮用器具，两者相比较，杯出现得更早，形态变化较大，汉代漆器双耳杯与现在看到的酒杯差别就非常大。杯多用于饮酒，盏多用于饮茶。而酒的历史远远长于茶的历史，所以透过杯盏的演变，能看出我国茶酒文化的博大精深。

海与盆

古人常把门口摆放的大缸称作"海"，这是一种夸张的命名方法，听起来也挺浪漫的。大缸可以储水，人们期盼门前有海，房屋就不会失火，一旦失火也能用水灭火。目前在北京北海公园团城

承光殿前的玉瓮亭中陈列的渎山大玉海，是现存最早的大型玉器，为元世祖忽必烈在1265年令皇家玉工制成，估计当时是盛酒的。大气的玉海意在反映元初版图辽阔、国力强盛，被评为我国镇国玉器之首。它现在被单独放置，外面还专门盖了座亭子保护它。

盆也叫"洗"，用途相当于现在的洗脸盆、洗脚盆之类，是重要的生活用具。唐宋时期出现一种铜制鱼洗，只要双手轻摩两侧盆耳，盆里就会有水珠跳起来，堪称古代"黑科技"。

◎ 壶

壶，古代也作"康瓠（hú）"，在新石器时代遗址中大量发现，只是一种罐状盛器，形状不一。三国时期出现青瓷壶，造型趋向统一，但和今天不一样，壶口更像盘子。元代时，壶定型为今天所常见的形状，叫"执壶"，用来装酒或水。

茶壶出现则是明代以后的事。

钵（bō）

钵是古代洗涤或盛放东西的器具，比盆小，比碗大，比较深，多为陶制。后来钵主要指僧人的食器，有瓦钵、铁钵、木钵等，一钵的量刚好够一个僧人吃，僧人出门在外，用钵接受布施的食物。

钵

食盒

饭盒在古代就有，叫"食盒"，大概始见于魏晋时期。据说曹操想赐死谋臣荀彧（yù），给他送去一个空食盒，荀彧看后一下子就明白了，便自杀了。明朝食盒也称"攒盒"。

食盒

脸盆架

最早关于脸盆架的记载始于宋代，现存于世的脸盆架文物多是明清时期的，现在一些地区还能见到脸盆架。

脸盆架在古代只是日常用品，但也不乏做工精巧、雕饰细致之作。

脸盆架

内外方脉医室

儿童玩具

陶响球

陶响球出土于距今约 5000 年的湖北京山屈家岭遗址，是一种能发出声响的玩具。陶响球是空心的，里面装有弹丸或石粒，摇动时哗哗作响。一直到汉魏时期，陶响球都是孩子们喜欢的玩具。因为陶具易碎，现在的小朋友可玩不到用陶制成的球了。

拨浪鼓

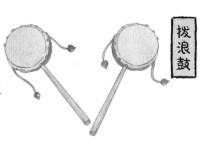

拨浪鼓是一种古代儿童玩具，历史非常悠久。

早在新石器时期的彩陶中，就曾经发现过疑为鼓的器物。拨浪鼓最早叫"鼗（táo）"，是一种乐器。书上描写"如鼓而小，有柄，两耳，持其柄而摇之，则旁耳还自击"——这便是拨浪鼓。

九连环

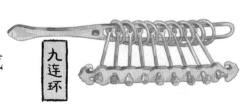

九连环是一种由铜、铁材料制成的益智玩具，九个圆环套在横圈上，要遵循一定的规律才能解开。孩子们和闺中女子都很喜欢这个玩具。

❀ 七巧板

七巧板有"智慧板"之称，源于宋朝的"燕几图"。清嘉庆年间养拙居士著《七巧图》刊行，从此以后让七巧板玩具流行天下。

七巧板

❀ 竹马

骑竹马是古代小朋友经常玩的游戏。竹马可不是用竹子做成的马，而是一根竹竿，小朋友跨在上面模拟骑马。精致的竹马可以一端装马头模型，另一端装上轮子。

骑竹马

47

🌀 鲁班锁

鲁班锁也叫"孔明锁"，一说是战国时鲁班发明的，一说是三国时诸葛亮发明的。它由几根条棍根据中国榫卯结构相互插在一起，形成稳定的立体结构。小朋友需要拆开再安装上，也是一种益智玩具。鲁班锁外观可以是不同的几何形状，有的呈球形，大多数是立体十字形。它们的制作材料多为木、竹或黄铜。

🌀 布老虎

"布老虎"是端午节的流行玩具。古人认为，阴历五月初五，是一年中最毒月份里最毒的日子，而老虎"性食鬼魅"，因此用"布老虎"来辟邪。

🌀 泥人儿

古人把泥人儿叫"土偶"，是中国传统玩具。汉朝时民间艺人就开始制作泥塑玩具出售，唐宋时已相当普及。宋朝最流行的时尚泥塑玩具是"磨喝乐"。宋代《醉翁谈录》有记载：京城里人们很喜欢玩泥孩儿，泥孩儿做得端正细腻，人们称为"摩罗"。个头大小不一样，也不便宜。

大人也爱玩

◎ 棋牌：古代文人的战场

古代文人精通琴棋书画、诗词歌赋，但却不像武将一样会打仗，而下棋最能满足文人的争强好胜之心。

棋桌在唐代就已出现。明清之际，社会上流行下棋赌博，康熙至乾隆年间禁赌，隐蔽式多功能棋桌便应运而生。多功能棋桌通常双层桌面，上层与普通桌子一样，掀开后桌面中间挖空，下沉空间是双陆棋盘，盖面是围棋、象棋两面棋盘，两侧上下封闭，中间有圆罐和抽屉，可放置黑白棋子和象棋子。构思巧妙，可见古人的智慧。

棋桌

双陆棋是中国古代一种有赌博性质的棋类游戏，南北朝时由西亚、印度一带传入。双陆棋在唐、五代、辽、金、元曾风靡一时，连皇帝也喜欢下双陆棋，武则天还曾梦见与大罗天女打双陆。

双陆棋盘

骨牌是一种游戏用具，用骨头、象牙、竹子或乌木制成，上面刻着以不同方式排列的二到十二个点，传说最早产生于北宋宣和年间，也叫"牙牌"。骨牌玩法较多，有推牌九、打天九等，我们熟悉的麻将也是一种骨牌游戏。

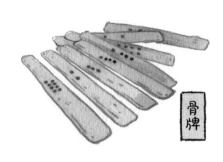

骨牌

《红楼梦》里就有贾府女眷热热闹闹玩骨牌的描写。

🌀 刺鹅锥

海东青是一种体形小但凶猛的隼（sǔn），比天鹅飞得还要高，而且速度极快。当人们带着它去猎捕天鹅时，海东青会飞到天鹅的上方，按住天鹅俯冲下来，人们再冲过去用刺鹅锥捕杀天鹅。当时，射天鹅都要举行仪式，对射得头鹅的人，皇帝是有奖赏的。

刺鹅锥

臂鞲（gōu）

古代北方人特别喜欢驯养鹰隼。鹰爪尖锐有力，极易抓伤手臂，因此人们要戴上臂鞲来架鹰。臂鞲是古代甲胄的一种，造型为带有圆弧的瓦片形，两侧有穿系绳、链的孔洞，便于将臂鞲固定于手臂上。臂鞲最早是用皮革制成，魏晋、南北朝时还出现过金属臂鞲，辽代的玉臂鞲非常有名。

臂鞲

驯鹰

骑马射箭

从人类驯服野马，到真正能在马上活动自如、策马飞奔，中间经过了漫长的时间，在这其中，马具起了至关重要的作用。

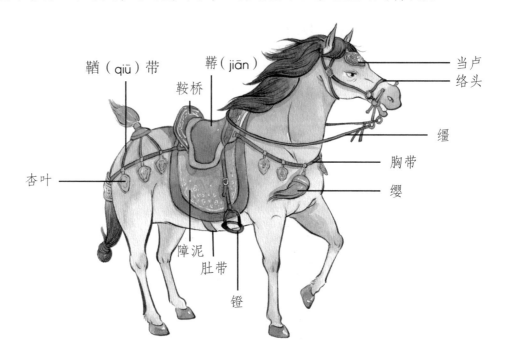

鞦（qiū）带　　鞯（jiān）　　　　　　　当卢
　　　　鞍桥　　　　　　　　　　　络头

杏叶　　　　　　　　　　　　　　　　缰

　　　　　　　　　　　　　　　　胸带

　　　　　　　　　　　　　　　　缨

障泥　　　　　　　　　
肚带　　　　
镫

改变世界的马镫

人们上马时会踩着马镫上去，为了坐稳也会双脚不离马镫。不过，马镫的发明时间比较晚，是晋代才出现的。

西晋之初还只有单边的马镫，仅供人们上马使用。后来，人们安装了双边马镫，因为非常方便所以得到了迅速普及。

马镫是人类文明史上最重要的发明之一，说它改变了世界都不过分。有了马镫，骑兵更加稳定灵活，战斗力更强。马镫传到西方之后，中世纪重甲骑兵才随之出现。

鞍具是乘骑用具，由马鞍、障泥、镫、胸带、鞧带等组成，读过《木兰诗》的小朋友都能感受到，马具是一套完整的装备。最初马鞍没有鞍桥，鞍桥出现于西汉晚期，起初很低很平，比坐垫复杂不了多少。晋代开始才使用高鞍桥马鞍。

汉代马具

弓箭是中国古代士兵的重要装备。箭箙（fú）是放在车上的装箭的容器，秦始皇陵兵马俑出土的秦铜箭箙呈长方形的盒状，底部弧形，有左右两片可自由开合的盖，装饰着精美的彩绘，里面可装铜箭54支。

不同朝代的弓箭

秦代骑兵

在马镫发明之前，马上的格斗战十分困难，骑都骑不稳，更别提厮杀了。所以那时骑兵的主要武器为弓箭，作战以远距离射击为主，少量使用青铜剑、戟作战。

唐宋武将

明代羽林军

到了隋、唐、五代以及宋代，骑兵已确立了在军中的地位，很受重视。

明代骑兵装备相当齐全，和火炮配合作战效率很高。

出行工具

据记载，我国最迟在夏禹时代就已经有了马车，考古发现最早的马车是商代双轮马车。

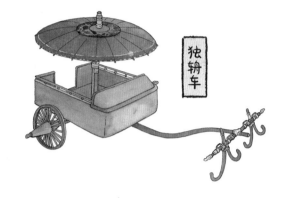

独輈车

中国古代的车辆形制分两个阶段：先秦时期是独辀（zhōu）车，单根车辕装在车厢中部，至少需用两匹马才能驾车，多时可用四匹、六匹、八匹；西汉中期以后是双辕车，装在车厢的两侧，一般只用一匹马驾车，特殊情况也有用三匹或五匹的。

马车

马车既是统治阶层专有奢侈品，又是重要军事装备。商周时期，贵族乘坐的车和战车没有明显不同，到了春秋战国时期，军用车和日常用车区别越来越大。贵族乘坐的车追求舒适豪华，战车要求灵便轻巧、牢固耐用。

再往后，随着车战越来越少，战车也就不多见了，人们用马车就只是代步出行，是古代的豪车。

步辇

先秦时期有一种人力车，主要是帝王或贵族妇女使用。魏晋以后干脆把车轮去掉，直接由人抬着步行，已不再具备车的性质，叫"步辇"。

步辇

骆驼车

辽朝皇帝用车分国舆（yú）与汉舆两种，国舆大部分是骆驼车。骆驼车形象曾在吉林、内蒙古等地的辽墓壁画上反复出现，高轮平板，车厢分为两间，两侧挂毡毯，还有歇山屋顶式的车顶，前后有门，特别大，简直像一辆"房车"。

骆驼车

🌀 牛车

历史上牛车多为平民用车。宋代《清明上河图》中描绘了一种极为庞大的牛车，车身特长，两侧围木板，顶上盖苇席，前后都有半圆形车门，车身粗壮结实，但有点儿简陋，得用牛拉，应该是《东京梦华录》中记载的商贾、百姓使用的客货两用车。

🌀 辂（lù）车

明清时期帝王的辂车有时用象驾车，但只在重大典礼上短暂使用，仪式一过仍改用马驾车。

盛世文人爱骑驴

盛唐之后，骑驴的诗人多了起来。李贺诗中写道："关水乘驴影，秦风帽带垂。"贾岛骑驴苦吟的故事更是脍炙人口。

《唐才子传》中记载，有个人喝醉了骑驴经过县衙门口，按理应该下驴，但那人醉醺醺的，仍骑在驴上大摇大摆地经过。县令非常生气，大声怒斥，结果那人扔下一句话："曾令龙巾拭吐，御手调羹，贵妃捧砚，力士脱靴。天子门前，尚容走马；华阴县里，不得骑驴？"骑驴之人原来是大名鼎鼎的李白。那句狂傲不羁的话是说："我曾经用皇帝的手帕擦过嘴巴，皇帝亲手给我调羹汤，杨贵妃给我捧砚台，高力士给我脱靴子。天子门口我都能跑马，你这小小华阴县竟然不让我骑驴？！"

轿子

轿子又称"肩舆"，有四千多年历史。起初中间只有椅子，并无轿厢，后来逐渐演变成有轿厢的轿子。

轿子分官轿和民轿，不同品级的文官坐不同的轿子。官轿轿夫领俸银，民间轿夫要自己挣钱花。

民轿有多种：富人的私人轿以蓝布做轿身，两人或四人抬；另有一种黑色小轿，类似于现在的出租车供人租用；青布小轿多供女子出行使用；丧轿供丧家送葬出殡使用。

花轿始于唐代。唐高宗时曾下诏，禁止士族七姓子女通婚，望族人家便取消公开车马送嫁的热闹仪式，改为天黑后用一乘花纱遮蔽的"檐（yán）子"，把新娘抬到新郎家成亲，后来"檐子"迎亲逐渐成为一种身份地位的标志。

宋朝时"檐子"送嫁渐渐发展成为新娘乘花轿出嫁的习俗。

船

新石器时代中国古人就开始广泛使用独木舟和筏。秦汉时期我国造船业出现了第一个高峰，秦始皇在统一南方的战争中组织过能运输 50 万石（dàn）粮食的大船队，后来又曾乘船在内河游弋（yì）或到海上航行。

楼船是汉朝有名的船型，三国时期吴国有很多这样的战船，最大的上下有五层。

隋、唐、宋时期船舶的数量和质量都体现了我国造船业的高度发展。隋炀帝杨广乘坐的大龙舟高数层，中间两层有 120 个房间。宋朝造船已经开始使用船坞，比欧洲早 500 年。《清明上河图》里就描绘了很多在汴河航行的民间商船。

明代郑和下西洋的宝船，是当时世界上最大的木帆船。

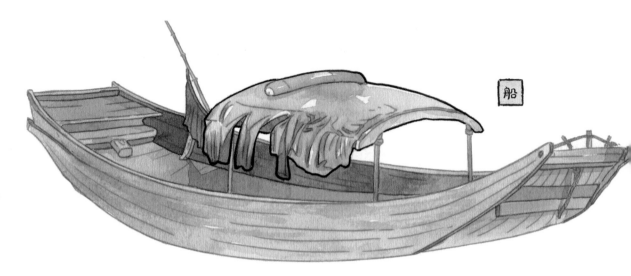

劳动最光荣

从原始社会人们就在劳动，一直到今天都没有停歇，是劳动养育了人们。

远古时期的人们制造的石斧没有柄，看起来就像普通的石块，但握在手里刚刚好，石斧的刃可以快速地刮下骨头上的肉。

后来，人们越来越聪明，制造工具的技术越来越高，出现了精心磨制的石器，例如钻孔的鱼钩、骨针和纺锤以及小巧的箭头。当时用来制造工具的材料非常有限，人们能得到什么就用什么，坚硬的石头、动物骨头就成了工具原料的第一选择。

等到人们会用合金铸造工具的时候，生产力就越来越发达了。

☁ 勤劳的古人

干农活在古代是最主要的劳动内容。南宋诗人范成大晚年退居家乡后写了一组大型田园诗《四时田园杂兴》，共六十首，生动绘制了一幅幅田园劳作风情画："下田戽（hù）水出江流，高垄翻江逆上沟。地势不齐人力尽，丁男长在踏车头。"另有一首诗说："昼出耘田夜绩麻，村庄儿女各当家。童孙未解供耕织，也傍桑阴学种瓜。"从这里可以看出，古代劳动人民需要的麻绳和所穿的衣服，吃到的粮食和蔬菜都需要通过自己辛勤的劳动获得。

踏车

磨

臼

辘轳

民以食为天，我国古代经历了漫长的农业社会阶段，农具的发展变迁，更能体现古人的勤劳智慧。

耒（lěi）

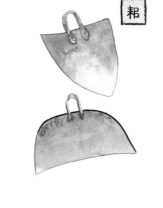

耒是北方原始社会最早的农具，大概的形状就是一根木棒，一端削尖可以钻土，后来又在下边绑上短横木，踩踏可以用力，给土壤戳出一个个小洞用来播进种子。那时北方已经开始种植粟，耒是点种的工具。

耘（yún）

耘的意思是在田里除草，我国最早的耘田器叫耜（sì），是南方的原始农具，形状是在木柄上装耜冠。耜冠有木制的，也有骨制的。南方主要种植稻，用耜来进行平田。

犁

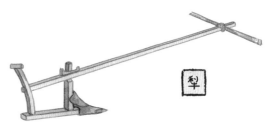

犁可能是从耒发展出来的吧。用耒一个洞一个洞地播种效率太低，种了田也难吃饱。农人就把它从土

里向前拉，直接划出一条沟壑。耒这种工具的形状也自然发生进化，就成了犁。犁经过几千年的改进和演化，从人力到畜力再到机械动力，如今依然是耕田的主要农具。

锄

锄是除草农具，也发明于原始社会，最初是石锄、鹿角锄等。随着冶铁技术的发展，春秋战国时期出现了铁锄，按形状分，有三角锄和月牙锄等。

桔槔（jiégāo）

桔槔又叫"吊杆""称杆"，是原始的汲水机械，应用于农业灌溉方面。简单来说，它就是一根长杆，末端挂重物，前端悬挂水桶，利用杠杆原理上下运动汲取井水。桔槔在春秋时期就开始普遍应用，而且延续了几千年。

◎ 翻车

翻车，又叫"龙骨水车"，是中国古代长期普遍采用的灌溉或排水机械，可分为人力、畜力、风力和水力几种类型，由上下两个链轮和传动链条作为其主要组件。翻车的发明年代不晚于东汉。元代《农书》、明代《农政全书》《天工开物》《鲁班经》等书都有关于翻车的详细记述。

◎ 辘轳（lùlu）

辘轳是安装在井口上方的汲水用具，现在有些地方还在使用。使用时摇动手柄，通过轮轴连动旋转，放开或收紧绳索，绳索一端系紧的水斗深入水井深处，盛满水后再摇上来，既省力又便捷。

辘轳有时也用于地下工程的施工出土和凿井采矿等。

在古代，农业是国本，是提供大部分日常生活用品的支柱产业。地里长出来的麦、谷和稻，需要变成食物才能吃到嘴里；地里长出来的棉花和麻，要变成线和布才能做成衣服，所以古人又发明了与吃和穿相关的工具。

 臼

石臼是古代人类生活的必需品，它是舂（chōng）米用的石制器具。石臼有个结实的杯体，还有一个杵，把大颗粒放在石臼里，用杵撞击捣碎，叫"舂"。臼诞生的时间非常早，传说是黄帝时期发明的。

稻谷需要经过在臼里的砸捣，才能脱壳、脱皮，露出籽粒。如今，在许多乡村，被淘汰的石臼仍旧被完好保存，成为承载人们记忆的器具。

☁ 碾

碾也可以加工谷物或药材。把需要加工的东西放进有槽的碾盘里，碾轮中央装一根轴，在碾盘上来回滚动，通过这种力的作用将颗粒碾碎。

碾到现在还在使用。

☁ 磨

磨是粉碎大颗粒用的，它由上下两块沉重的圆石组成，圆石比较粗糙，这样颗粒才会被磨碎。石磨的发明和推广使我国粮食加工工艺一直处于世界领先水平，也让面粉成为中国人日常食物的主要原料之一。

早在战国时期，人们就发明了石磨，当时叫"硙（wèi）"，汉代才叫"磨"。经过两千余年的发展，陆续出现了人力磨、畜力磨和水力磨。直至二十世纪七十年代，人们巧妙地将古老技术和现代化元素结合起来，创造出了用电动机驱动的石磨。一直到现在，人们依然还能看到石磨这项古老发明在生活中应用的场景。

纺锤和纺车

古人要使用纺锤和纺车将植物中剥离出的纤维纺成线，再用织机将线织成布，布经过剪裁缝制，才能做成衣服、被褥等。

古代男耕女织，妇女每天除了做家务，还要纺线织布，纺织是古代劳动妇女的基本功。

纺锤和纺车都是古代的纺线工具，纺锤早在新石器时代就已出现，是最原始的纺线工具。后来，木制机械纺车的出现，一定程度上提高了纺织效率。

纺轮

纺锤

纺车

国　宝

灿烂的中华文明给人类留下了许多珍贵的历史记忆，每一件镇国重器，都需要我们用心去了解，去品味，去呵护。

◎ 商周太阳神鸟金饰

现收藏于成都金沙遗址博物馆的商周太阳神鸟金饰，出土于 2001 年，反映了古蜀地区的太阳神崇拜，同时也体现了古蜀时期先进的历法知识。

商周太阳神鸟金饰

◎ 后母戊鼎

现藏于中国国家博物馆的商代后母戊鼎，出土于 1939 年，是已知中国古代最重的青铜器。

后母戊鼎

◎ 四羊方尊

现藏于中国国家博物馆的四羊方尊，是我国商代晚期青铜礼器，出土于 1938 年。四羊方尊是目前已出土的商代青铜方尊中最大的一件。

四羊方尊

毛公鼎

现藏于台北故宫博物院的毛公鼎，是西周晚期青铜器，出土于1843年。毛公鼎上有一段著名铭文，说的是周宣王即位初年请他的叔父毛公为其治理国家，毛公为报答天子的辉煌美德而铸此宝鼎。这段铭文为后人提供了很好的临摹西周金文的模版。

越王勾践剑

现收藏于湖北省博物馆的越王勾践剑，是春秋时代晚期越国青铜器，出土于1965年。这把剑代表了春秋时代短兵器铸造的最高水平，现在仍锋利无比，有"天下第一剑"之称。

❦ 曾侯乙编钟

　　现藏于湖北省博物馆的曾侯乙编钟，是战国早期曾国国君的一套大型礼乐重器，出土于 1978 年，是至今世界上已发现的最雄伟、最庞大的乐器，代表了中国先秦礼乐文明和青铜器铸造的最高成就。它的出土，让世界对中国音乐史有了新认识。

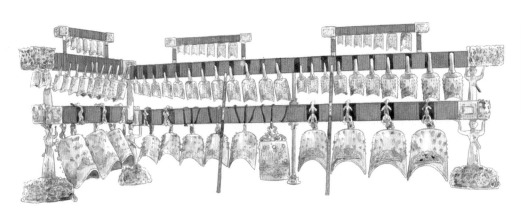

曾侯乙编钟

❦ 西汉长信宫灯

　　现藏于河北博物院的西汉长信宫灯是汉代青铜器，于 1968 年出土。该灯灯盘可转动，灯罩可开合，可随意调节亮度和角度，设计巧妙兼具审美价值，被誉为"中华第一灯"。

西汉长信宫灯